Impressum
Verlag: BABADADA GmbH, Nedderfeld 112 , 22529 Hamburg
Geschäftsführer / Verlagsleitung: Harald Hof
Druck: Books on Demand GmbH, In de Tarpen 42, 22848 Norderstedt

Imprint
Publisher: BABADADA GmbH, Nedderfeld 112 , 22529 Hamburg, Germany
Managing Director / Publishing direction: Harald Hof
Print: Books on Demand GmbH, In de Tarpen 42, 22848 Norderstedt, Germany

škola

школа

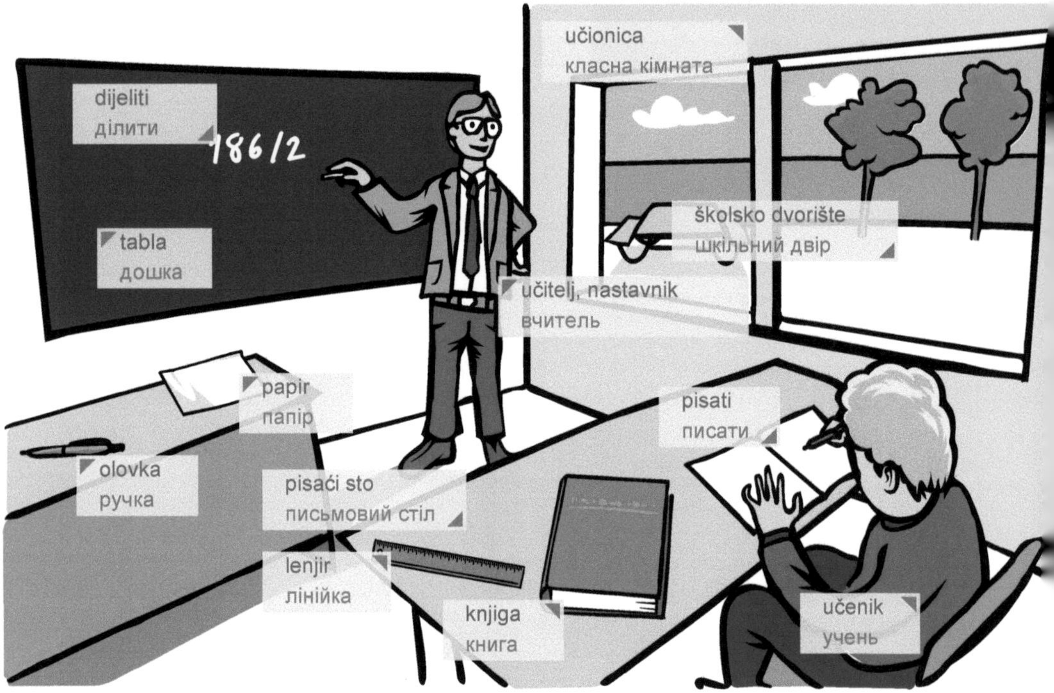

učionica
класна кімната
dijeliti
ділити
186/2
tabla
дошка
školsko dvorište
шкільний двір
učitelj, nastavnik
вчитель
papir
папір
pisati
писати
olovka
ручка
pisaći sto
письмовий стіл
lenjir
лінійка
knjiga
книга
učenik
учень

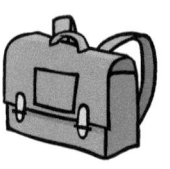

torba

ранець

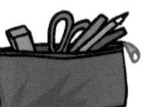

pernica

пенал

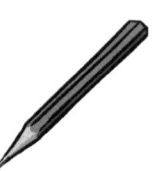

drvena olovka

олівець

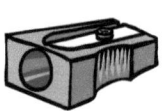

šiljalo za olovke

точило

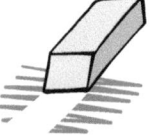

gumica

гумка

blok za crtanje

альбом для малювання

crtež

малюнок

kist

пензель

kutija s bojama

коробка фарб

makaze

ножиці

ljepilo

клей

vježbanka

зошит

domaća zadaća

домашнє завдання

broj

число

sabirati

додавати

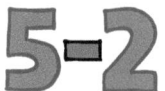

oduzimati

віднімати

množiti

множити

računati

рахувати

slovo

літера

abeceda

абетка

riječ

слово

tekst

текст

čitati

читати

kreda

крейда

sat

година

školski dnevnik

класний журнал

ispit

екзамен

svjedočanstvo

диплом

školska uniforma

шкільна форма

izobrazba

освіта

leksikon

лексикон

univerzitet

університет

mikroskop

мікроскоп

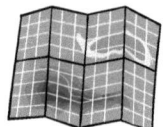

karta

карта

korpa za papir

кошик для паперу

putovanje

подорож

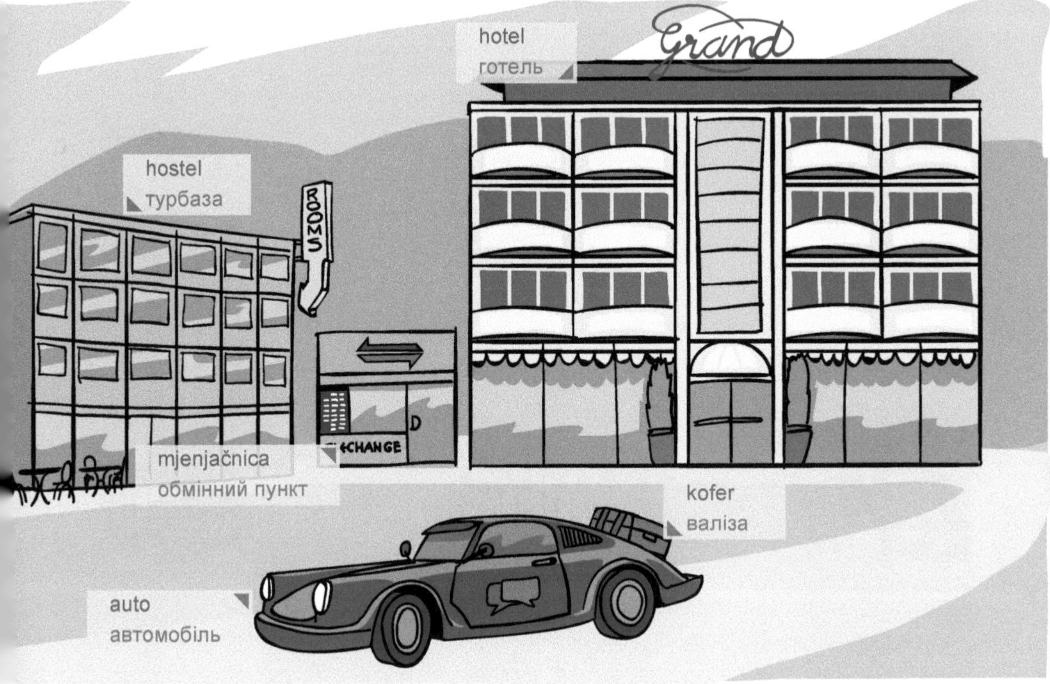

hotel
готель
Grand
hostel
турбаза
ROOMS
mjenjačnica
обмінний пункт
kofer
валіза
auto
автомобіль

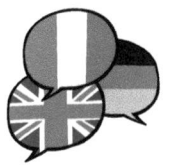

jezik

мова

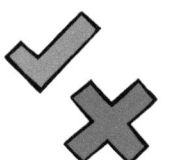

da / ne

так / ні

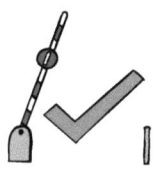

okej

добре

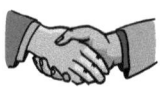

zdravo

привіт

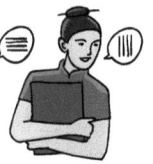

tumač

перекладач

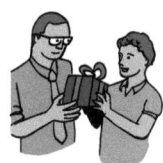

hvala

дякую

Koliko košta...?

Скільки коштує ...?

Ne razumijem

Я не розумію

problem

проблема

dobro veče!

Добрий вечір!

Dobro jutro!

Доброго ранку!

Laku noć!

На добраніч!

doviđenja

До побачення

smjer

напрямок

prtljag

багаж

torba

сумка

ruksak

рюкзак

gost

гість

soba

кімната

vreća za spavanje

спальний мішок

šator

намет

turističke informacije

туристична інформація

plaža

пляж

kreditna kartica

кредитна картка

doručak

сніданок

ručak

обід

večera

вечеря

putna karta

квиток

lift

ліфт

poštanska markica

поштова марка

granica

межа

carina

митниця

ambasada

посольство

viza

віза

pasoš

паспорт

transport

транспорт

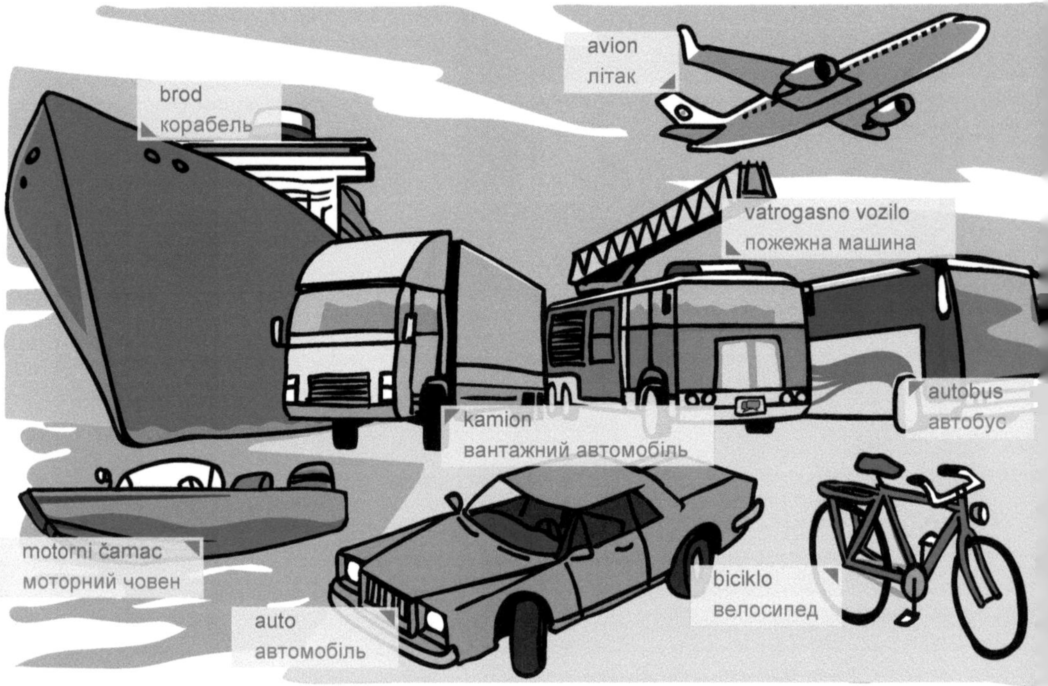
avion
літак
brod
корабель
vatrogasno vozilo
пожежна машина
autobus
автобус
kamion
вантажний автомобіль
motorni čamac
моторний човен
biciklo
велосипед
auto
автомобіль

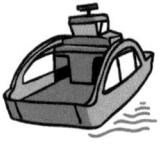

trajekt

пором

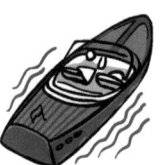

brod

човен

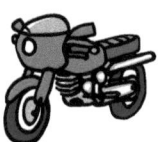

motocikl

мотоцикл

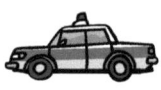

policijski automobil

поліцейська машина

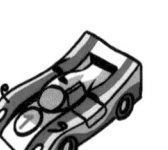

trkaći automobil

гоночний автомобіль

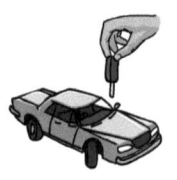

unajmljeni automobil

автомобіль на прокат

kar-šering

пільне користування авто

pauk

евакуатор

smećarsko vozilo

сміттєвоз

motor

двигун

gorivo

паливо

benzinska pumpa

автозаправна станція

saobraćajni znak

дорожній знак

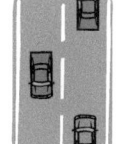

saobraćaj

рух

zastoj

затор

parking

стоянка

željeznička stanica

вокзал

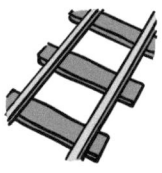

šine

рейки

voz

потяг

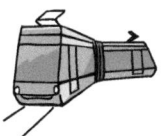

tramvaj

трамвай

vagon

вагон

helikopter

гелікоптер

aerodrom

аеропорт

toranj

вежа

putnik

пасажир

kontejner

контейнер

karton

коробка

tačke

візок

korpa

кошик

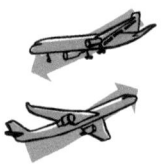

poletjeti / sletjeti

стартувати / приземлятися

grad

місто

selo

село

centar grada

центр міста

kuća

дім

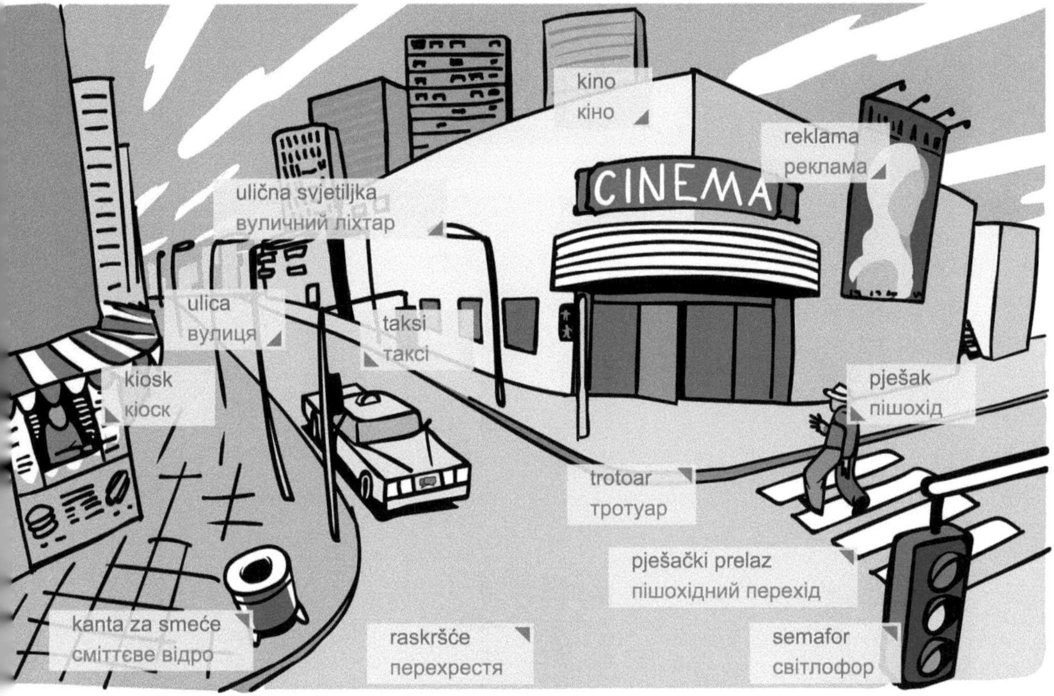

kino
кіно

reklama
реклама

ulična svjetiljka
вуличний ліхтар

ulica
вулиця

taksi
таксі

kiosk
кіоск

pješak
пішохід

trotoar
тротуар

pješački prelaz
пішохідний перехід

kanta za smeće
сміттєве відро

raskršće
перехрестя

semafor
світлофор

koliba

хатина

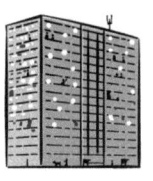

stan

квартира

željeznička stanica

вокзал

vječnica

ратуша

muzej

музей

škola

школа

grad - місто

univerzitet

університет

banka

банк

bolnica

лікарня

hotel

готель

apoteka

аптека

ured

офіс

knjižara

книжковий магазин

radnja

магазин

cvjećara

квітковий магазин

supermarket

супермаркет

pijaca

ринок

robna kuća

універмаг

prodavač ribe

торговець рибою

trgovački centar

торговельний центр

luka

гавань

park

парк

klupa

лава

most

міст

stepenice

сходи

podzemna željeznica

метро

tunel

тунель

autobuska stanica

автобусна зупинка

bar

бар

restoran

ресторан

poštanski sandučić

поштова скринька

saobraćajni znak

вулична табличка

sat za naplatu parkinga

лічильник паркування

zoološki vrt

зоопарк

bazen

басейн

džamija

мечеть

seosko imanje

ферма

zagađenje okoline

забруднення навколишнього середовища

groblje

кладовище

crkva

церква

igralište

дитячий майданчик

hram

храм

krajolik
ландшафт

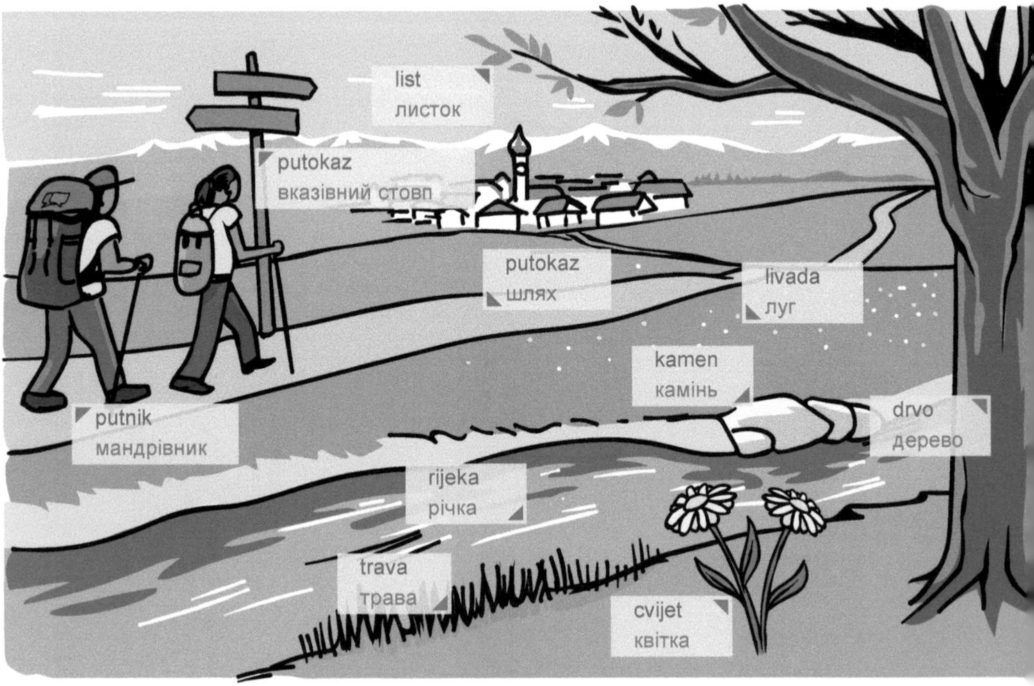

list
листок

putokaz
вказівний стовп

putokaz
шлях

livada
луг

kamen
камінь

drvo
дерево

putnik
мандрівник

rijeka
річка

trava
трава

cvijet
квітка

dolina

долина

brdo

гора

jezero

озеро

šuma

ліс

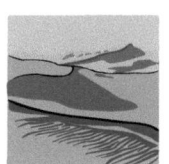

pustinja

пустеля

vulkan

вулкан

dvorac

замок

duga

веселка

gljiva

гриб

palma

пальма

komarac

комар

muha

муха

mrav

мурашка

pčela

бджола

pauk

павук

buba

жук

žaba

жаба

vjeverica

вивірка

jež

їжак

zec

заєць

sova

сова

ptica

птах

labud

лебідь

divlja svinja

кабан

jelen

олень

los

лось

brana

гребля

vjetrenjača

вітряк

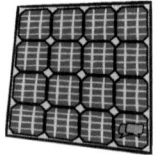

solarni modul

сонячний модуль

klima

клімат

restoran

ресторан

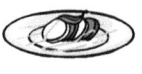

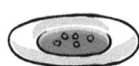

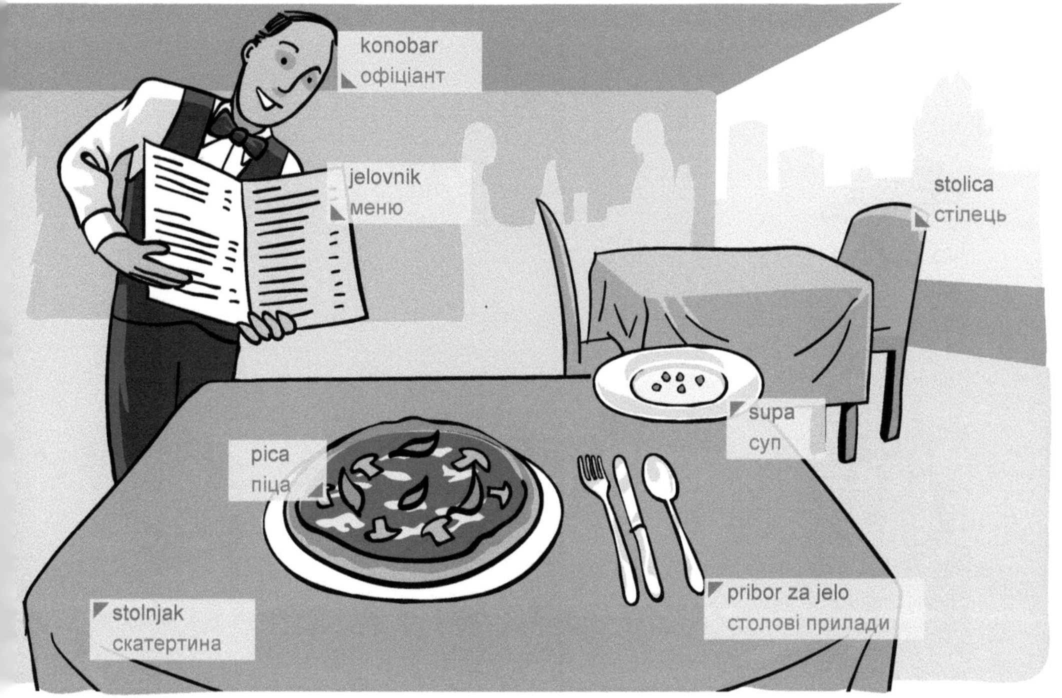
konobar
офіціант
jelovnik
меню
stolica
стілець
supa
суп
pica
піца
stolnjak
скатертина
pribor za jelo
столові прилади

predjelo

закуска

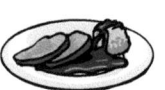

glavno jelo

друга страва

desert

десерт

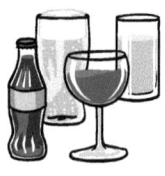

piće

напої

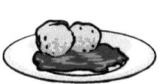

jelo

їжа

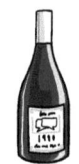

flaša

пляшка

brza hrana

фаст-фуд

jelo sa ulice

вулична їжа

čajnik

чайник

šećernica

цукорниця

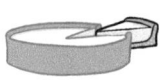

porcija

порція

mašina za espreso

еспресо-машина

barska stolica

високий стільчик

račun

рахунок

tacna

піднос

nož

ніж

viljuška

вилка

kašika

ложка

kašičica

чайна ложка

salveta

серветка

čaša

склянка

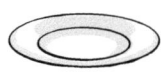

tanjir

тарілка

tanjir za supu

тарілка для супу

tanjurić

блюдце

sos

соус

solanik

солонка

mlin za biber

млин для перцю

sirće

оцет

ulje

масло

začini

спеції

kečap

кетчуп

senf

гірчиця

majoneza

майонез

supermarket
супермаркет

ponuda
пропозиція
FOR
klijent
клієнт
mliječni proizvodi
молочні продукти
voće
фрукти
kolica za kupovinu
візок для покупок

BUTCHERS

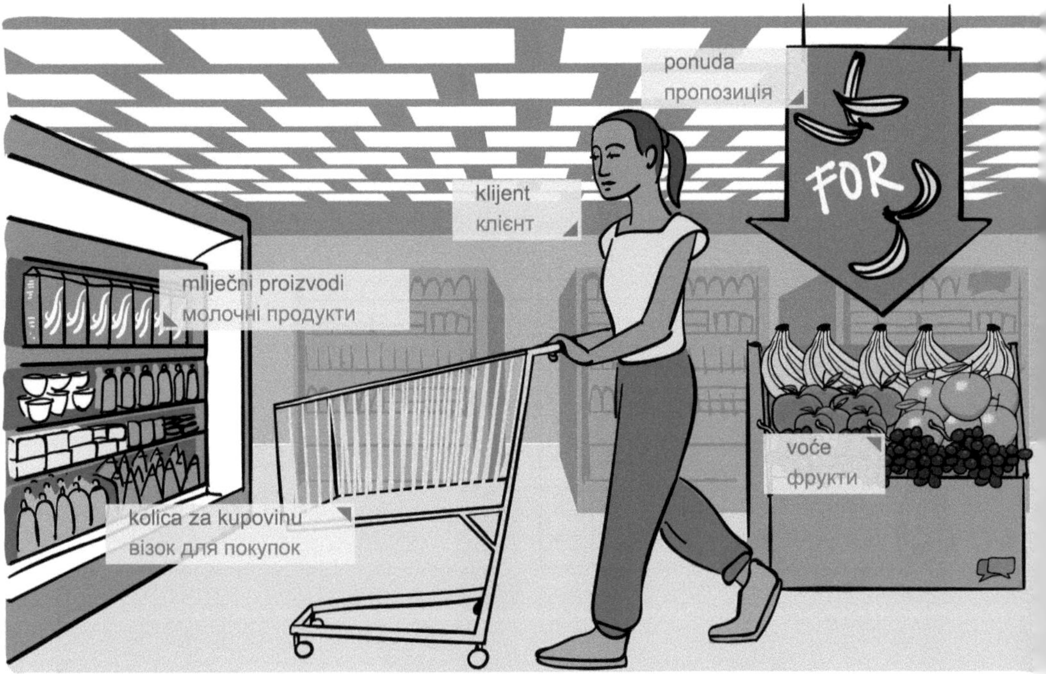

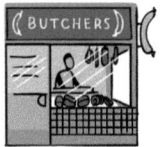

mesnica- klaonica

м'ясний магазин

BAKERY

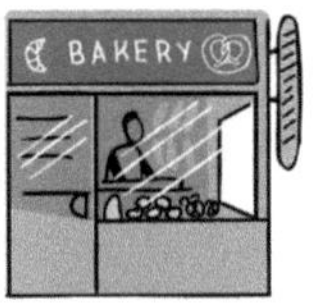

pekara

пекарня

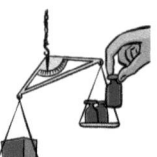

vagati

зважувати

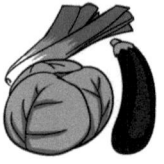

povrće

овочі

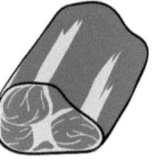

meso

м'ясо

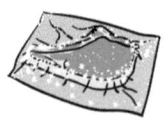

zaleđena hrana

заморожені продукти

narezak

ковбасна нарізка

konzerve

консерви

prašak za veš

пральний порошок

slatkiši

солодощи

kućanski proizvodi

предмети домашнього побуту

sredstvo za čišćenje

мийний засіб

prodavačica

продавщиця

kasa

каса

blagajnik

касир

lista za kupovinu

список покупок

radno vrijeme

часи роботи

novčanik

гаманець

kreditna kartica

кредитна картка

torba

сумка

najlonska vrećica

поліетиленовий пакет

supermarket - супермаркет

voda

вода

sok

сік

mlijeko

молоко

kola

кола

vino

вино

pivo

пиво

alkohol

алкоголь

kakao

какао

čaj

чай

kafa

кава

espreso

еспресо

kapućino

капучіно

banana

банан

jabuka

яблуко

narandža

апельсин

lubenica

кавун

limun

лимон

mrkva

морква

bijeli luk

часник

bambus

бамбук

crveni luk

цибуля

gljiva

гриб

orašasti plodovi

горішки

pasta

локшина

špagete

спагеті

riža

рис

salata

салат

pomfrit

картопля фрі

pečeni krompir

смажена картопля

pica

піца

hamburger

гамбургер

sendvič

бутерброд

šnicla

шніцель

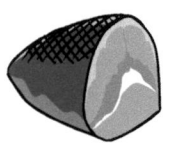

šunka

шинка

kobasica

салямі

kobasica

ковбаса

kokoš

курка

pečenje

печеня

riba

риба

zobene pahuljice

вівсяні пластівці

muzli

мюслі

kornfleks

кукурудзяні пластівці

brašno

борошно

kroason

круасан

zemičke

булочка

kruh

хліб

tost

тостовий хліб

keksi

печиво

maslac

масло

svježi sir

сир

kolač

пиріг

jaje

яйце

jaje na oko

яєчня

sir

сир

sladoled

морозиво

šećer

цукор

med

мед

marmelada

мармелад

nugat krema

нуга-крем

kuri

карі

seosko imanje

ферма

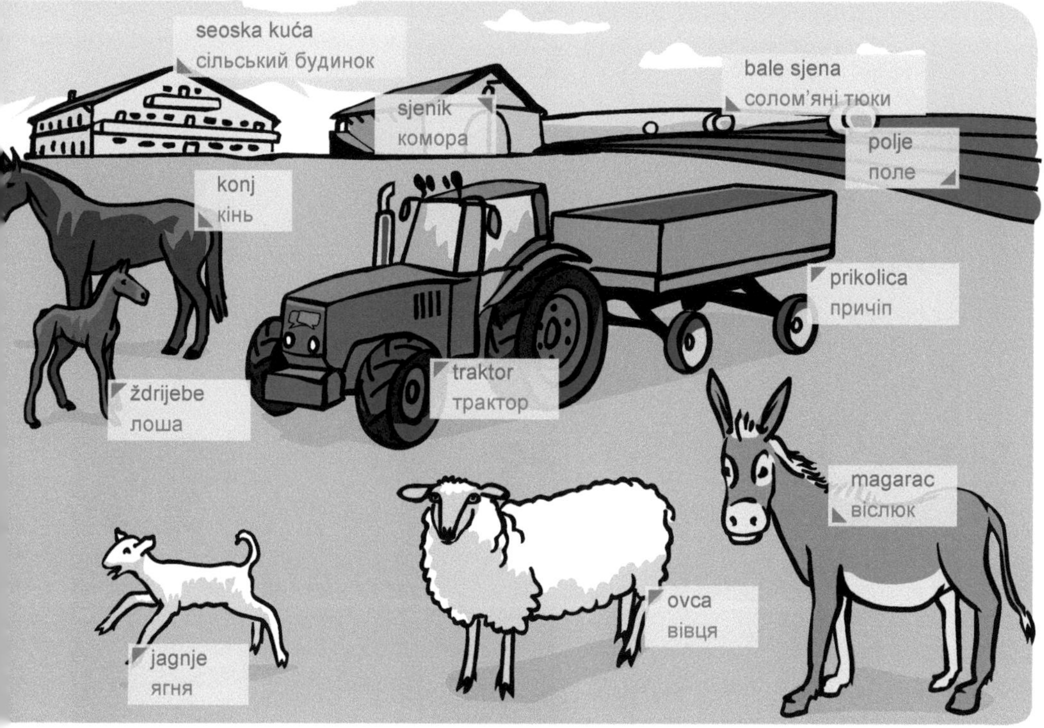
seoska kuća
сільський будинок
bale sjena
солом'яні тюки
sjenik
комора
polje
поле
konj
кінь
prikolica
причіп
traktor
трактор
ždrijebe
лоша
magarac
віслюк
ovca
вівця
jagnje
ягня

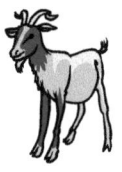

koza

коза

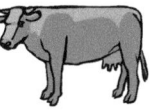

krava

корова

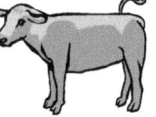

tele

теля

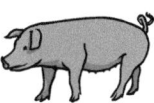

svinja

свиня

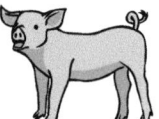

prase

порося

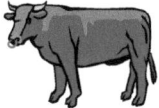

bik

бик

guska

гусак

patka

качка

pile

курча

kokoška

курка

pjetao

півень

pacov

щур

mačka

кіт

miš

миша

vol

віл

pas

собака

pseća kućica

собача будка

crijevo za baštu

садовий шланг

kanta za zalijevanje

лійка

kosa

коса

plug

плуг

srp

серп

motika

мотика

vile

вила

sjekira

сокира

tačke

тачка

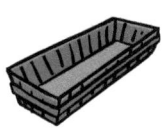

korito

корито

bokal za mlijeko

бідон молока

vreća

мішок

ograda

паркан

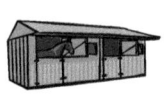

štala

хлів

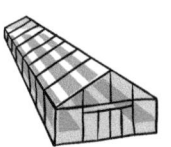

staklenik

теплиця

tlo

ґрунт

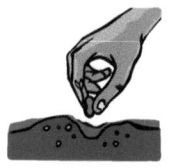

sjeme

насіння

đubrivo

добриво

kombajn

комбайн

kositi

························

пожинати

žetva

························

урожай

jam korijen

························

корінь ямсу

pšenica

························

пшениця

soja

························

соя

krompir

························

картопля

kukuruz

························

кукурудза

uljana repica

························

ріпак

drvo voća

························

плодове дерево

manioka

························

маніок

žito

························

злаки

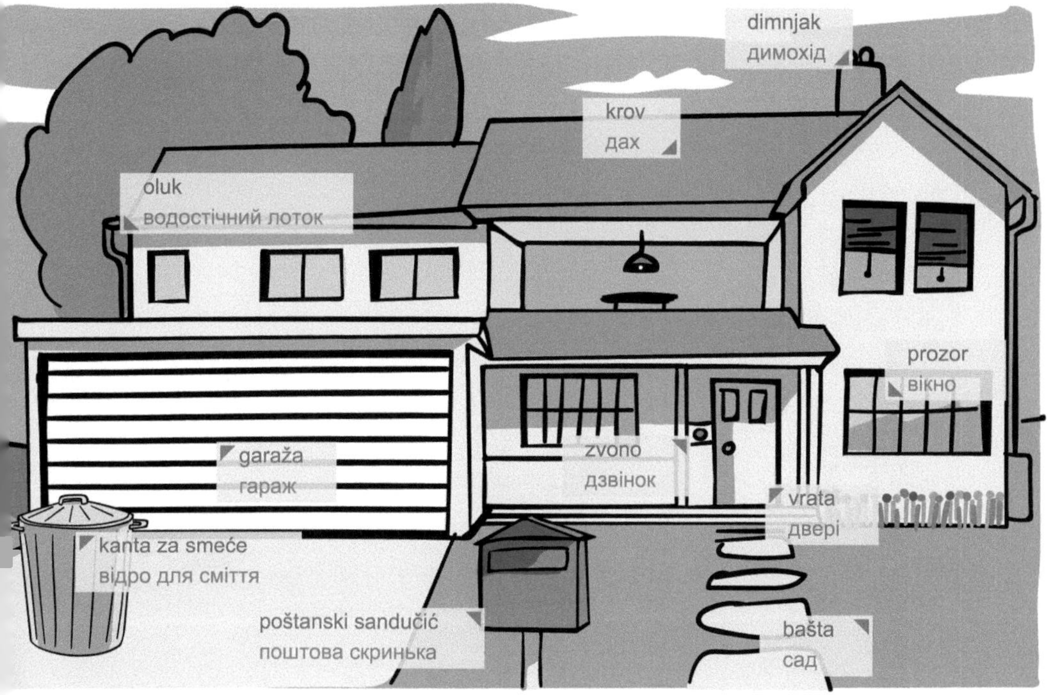

dimnjak
димохід

krov
дах

oluk
водостічний лоток

prozor
вікно

garaža
гараж

zvono
дзвінок

vrata
двері

kanta za smeće
відро для сміття

poštanski sandučić
поштова скринька

bašta
сад

dnevni boravak

вітальня

kupatilo

ванна кімната

kuhinja

кухня

spavaća soba

спальня

dječija soba

дитяча кімната

trpezarija

їдальня

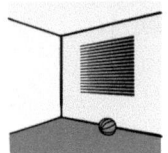

pod, tlo

підлога

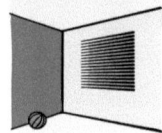

zid

стіна

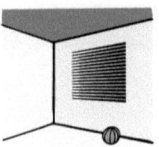

plafon

стеля

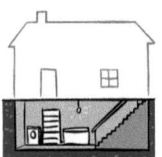

podrum

підвал

sauna

сауна

balkon

балкон

terasa

тераса

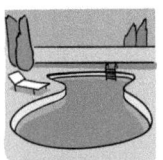

bazen

басейн

kosilica

косарка

posteljina

простирало

pokrivač

ковдра

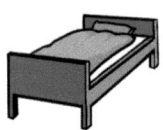

krevet

ліжко

metla

мітла

kanta

відро

prekidač

перемикач

dnevni boravak

вітальня

tapeta
шпалери
fotografija
малюнок
lampa
лампа
polica
поличка
ormar
шафа
televizija
телевізор
dimnjak
камін
cvijet
квітка
jastuk
подушка
kauč
диван
vaza
ваза
daljinski upravljač
пульт

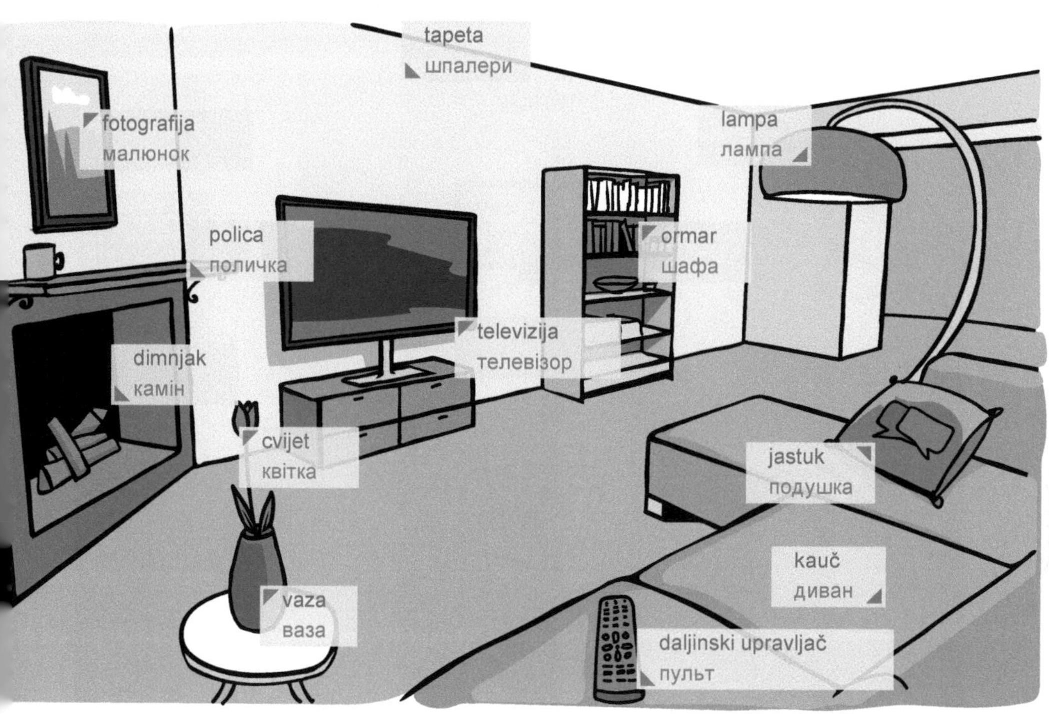

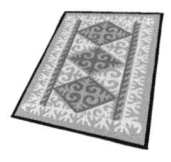

tepih

килим

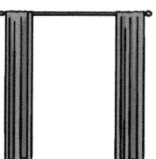

zavjesa

завіса

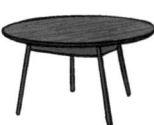

stol

стіл

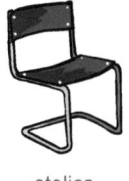

stolica

стілець

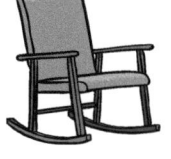

stolica za ljuljanje

крісло-гойдалка

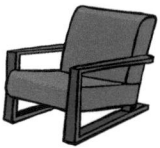

fotelja

крісло

knjiga

книга

deka

ковдра

dekoracija

прикраса

ložno drvo

дрова

film

фільм

stereo uređaj

стереосистема

ključ

ключ

novine

газета

umjetnička slika

картина

poster

плакат

radio

радіо

blok za bilješke

блокнот

usisavač

пилосос

kaktus

кактус

svijeća

свічка

kuhinja

кухня

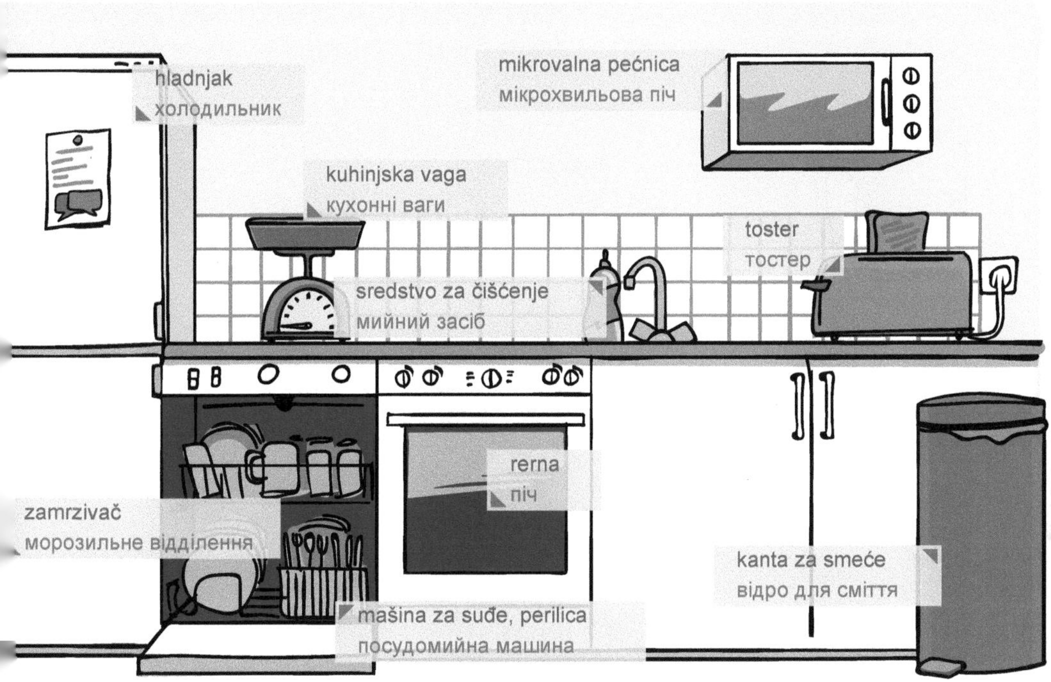

hladnjak
холодильник
mikrovalna pećnica
мікрохвильова піч
kuhinjska vaga
кухонні ваги
toster
тостер
sredstvo za čišćenje
мийний засіб
rerna
піч
zamrzivač
морозильне відділення
kanta za smeće
відро для сміття
mašina za suđe, perilica
посудомийна машина

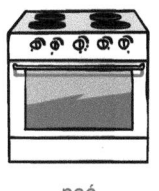

peć

плита

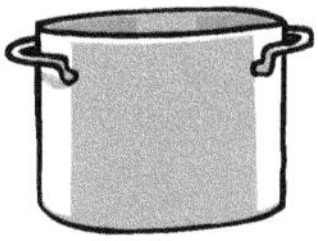

lonac

горщик

metalni lonac

чавунний горщик

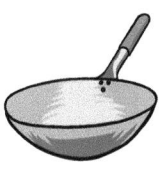

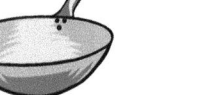

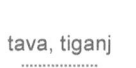

vok / kadai

вок / кадай

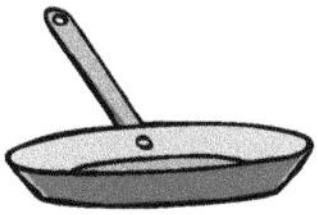

tava, tiganj

сковорода

kuhalo

чайник

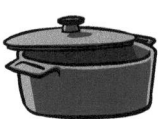

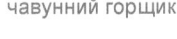

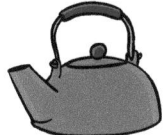

aparat za kuhanje na pari

пароварка

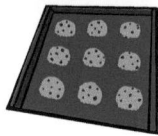

lim za pečenje

лист

posuđe

посуд

šalica

кухоль

činija

чаша

kineski štapići

палички для їжі

kutlača

черпак

lopatica

лопатка

metlica za snijeg bjelanjca

вінчик для збивання

sito za kuhanje

сито

sito

сито

ribež

терка

avan s tučkom

ступка

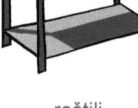

roštilj

барбекю

ložište

багаття

daska

дошка

oklagija

качалка

vadičep

штопор

konzerva

конзерва

otvarač za konzerve

відкривачка

krpe za lonac

прихватки

sudoper

раковина

četka

щітка

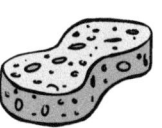

spužva

губка

mikser

міксер

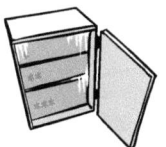

zamrzivač

морозильна камера

flašica za bebu

дитяча пляшка

slavina

кран

kupatilo
ванна кімната

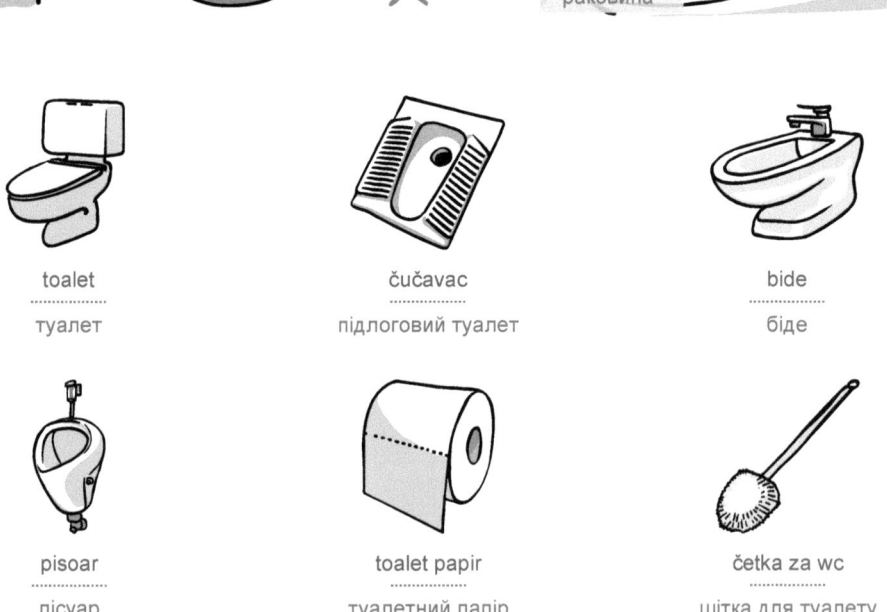

grijanje
опалення
peškir
рушник
tuš
душ
zavjesa za tuš
душова завіса
pjenušava kupka
пiниста ванна
kada
ванна
čaša
склянка
mašina za veš
пральна машина
slavina
кран
pločice
плитка
dječja kahlica
горшок
sudoper
раковина

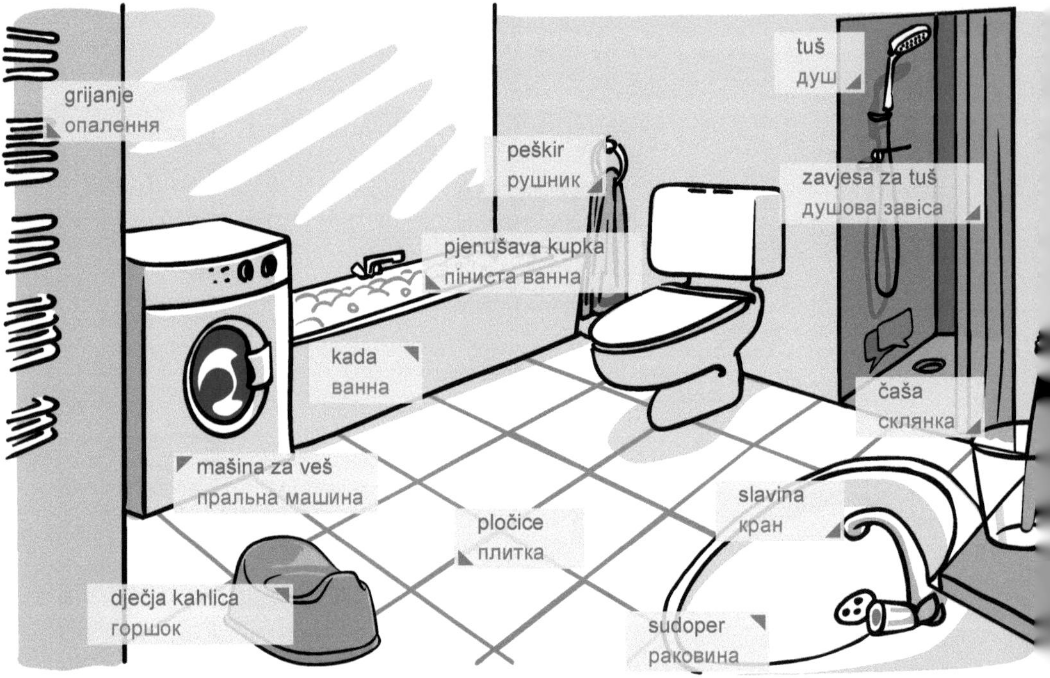

toalet

туалет

čučavac

підлоговий туалет

bide

біде

pisoar

пісуар

toalet papir

туалетний папір

četka za wc

щітка для туалету

četkica za zube

зубна щітка

pasta za zube

зубна паста

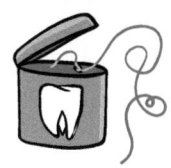

zubni konac

нитка для чищення зубів

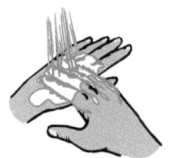

prati

мити

tuš

ручний душ

intimni tuš

інтимний душ

lavor

таз

četka za leđa

щітка для спини

sapun

мило

gel za tuširanje

гель для душу

šampon

шампунь

krpe za pranje

мочалка

odvod

водостік

krema

крем

dezodorans

дезодорант

ogledalo

дзеркало

ogledalo za šminkanje

косметичне дзеркало

brijač

бритва

pjena za brijanje

піна для гоління

vodica poslije brijanja

лосьйон після гоління

češalj

гребінь

četka

щітка

fen

фен

sprej za kosu

лак для волосся

puder

косметика

karmin

губна помада

lak za nokte

лак для нігтів

vata

вата

makazice za nokte

ножиці для нігтів

parfem

парфум

kozmetička torbica

косметичка

hoklica

табурет

vaga

ваги

kupaći ogrtač

халат

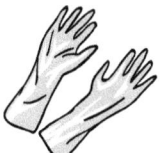

rukavice za čišćenje

гумові рукавички

tampon

тампон

uložak za dame

гігієнічні прокладки

hemijski toalet

біотуалет

dječija soba

дитяча кімната

budilnik
будильник
plišana igračka
м'яка іграшка
auto za igru
іграшковий автомобіль
zvečka
брязкальце
kućica za lutke
ляльковий будиночок
poklon
подарунок

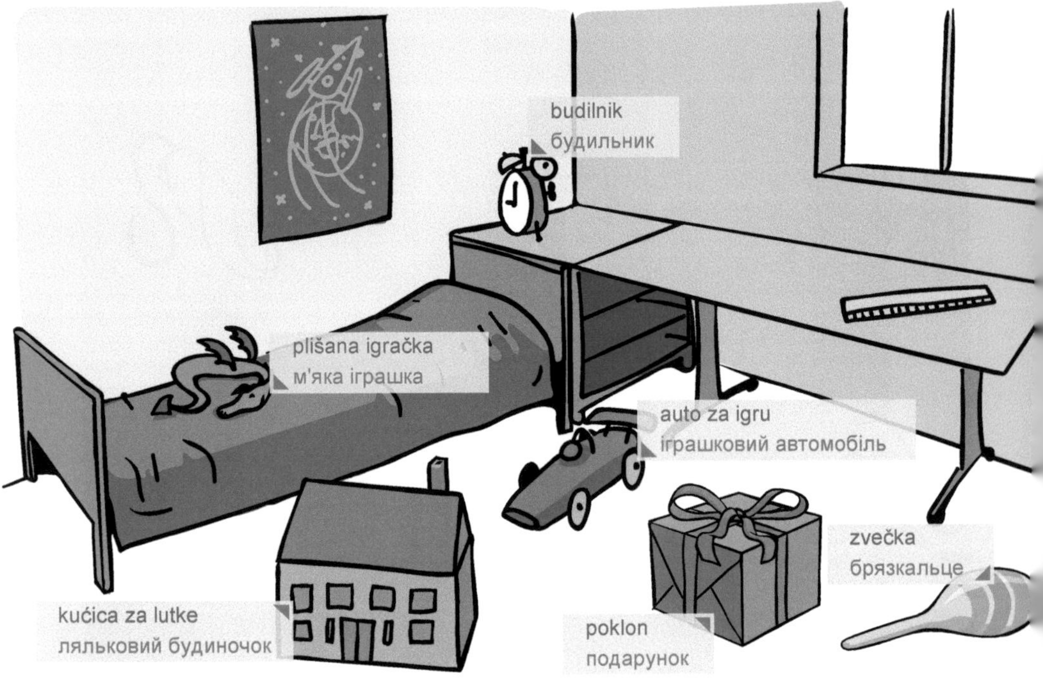

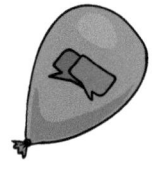

balon

повітряна кулька

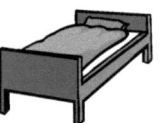

krevet

ліжко

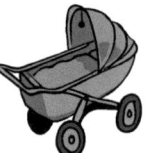

kolica za djecu

дитячий візок

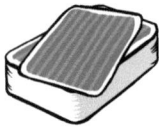

karte za igranje

картярська гра

puzle

пазл

SUPER
MEGA

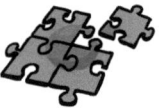

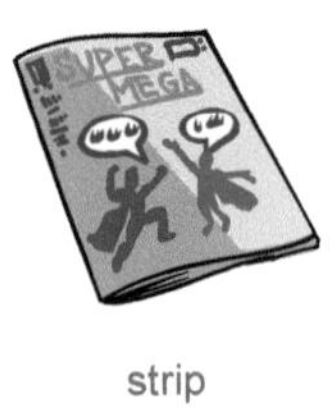

strip

комікс

lego kockice

лего цеглинки

kockice za gradnju

блоки

akcione figure

іграшкова фігурка

benkica

повзунки

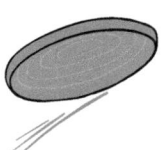

frizbi

фризбі

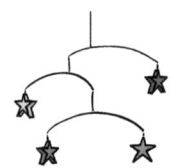

mobile

мобіле

igra na ploči

настільна гра

kocka

кубик

miniatura željeznice

модель залізнична станція

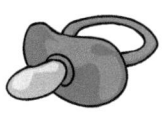

cucla

соска

zabava

вечірка

slikovnica

книжка з картинками

lopta

м'яч

lutka

лялька

igrati

грати

pješćanik

пісочниця

ljuljačka

гойдалка

igračke

іграшка

konzola za igru

гральна консоль

triciklo

триколісний велосипед

medvjedić

плюшевий мішка

ormar

шафа

odjeća

одяг

kratke čarape

шкарпетки

čarape

панчохи

hulahopke

колготки

šal
шарф

kišobran
парасоля

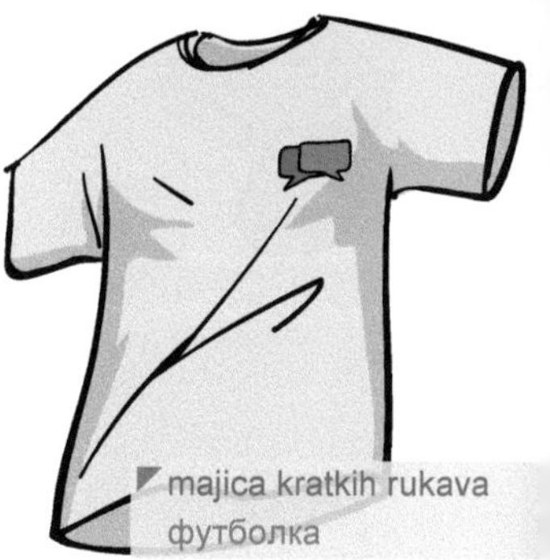

majica kratkih rukava
футболка

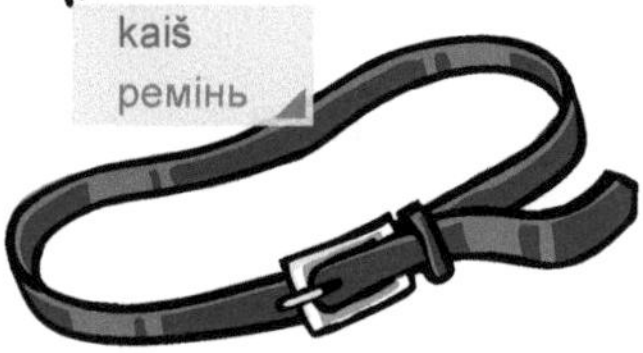

kaiš
ремінь

čizme
чоботи

papuče
домашнє взуття

patike
кросівки

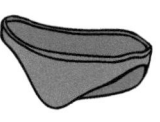

sandale
·············
сандалі

cipele
·············
взуття

gumene čizme
·············
гумові чоботи

gaće
·············
труси

grudnjak
·············
бюстгальтер

potkošulja
·············
нижня сорочка

bodi

боді

hlače

штани

farmerke

джинси

suknja

спідниця

bluza

блузка

košulja

сорочка

džemper

пуловер

majica

светр

sako

піджак

jakna

куртка

mantil

пальто

kišni mantil

дощовик

kostim

костюм

haljina

сукня

vjenčanica

весільна сукня

odijelo

костюм

spavaćica

нічна сорочка

pidžama

піжама

sari

сарі

marama

головна хустка

turban

чалма

burka

бурка

kaftan

кафтан

abaja

абая

kupaći kostim

купальник

kupaće gaće

плавки

kratke hlače

шорти

trenerka

ренувальний костюм

pregača

фартух

rukavice

рукавички

dugme

гудзик

naočare

окуляри

narukvica

браслет

ogrlica

ланцюг

prsten

кільце

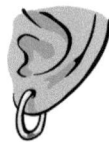

naušnica

сережка

kapa

шапка

vješalica

плічка

šešir

капелюх

kravata

краватка

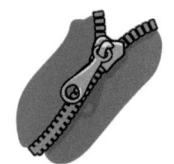

patentni zatvarač

застібка-блискавка

kaciga

шолом

tregeri za hlače

підтяжки

školska uniforma

шкільна форма

uniforma

уніформа

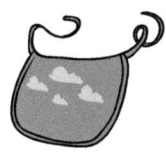

podbradak

нагрудник

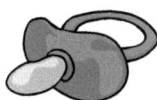

cucla

соска

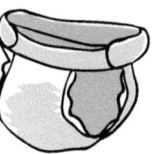

pelene

підгузок

ured
офіс

server
сервер
ormar za kartoteku
шаф для документів
štampač
принтер
papir
папір
monitor
монітор
miš
миша
pisaći sto
письмовий стіл
registrator
папка
tastatura
синтезатор
korpa za papir
кошик для паперу
kompjuter
комп'ютер
stolica
стілець

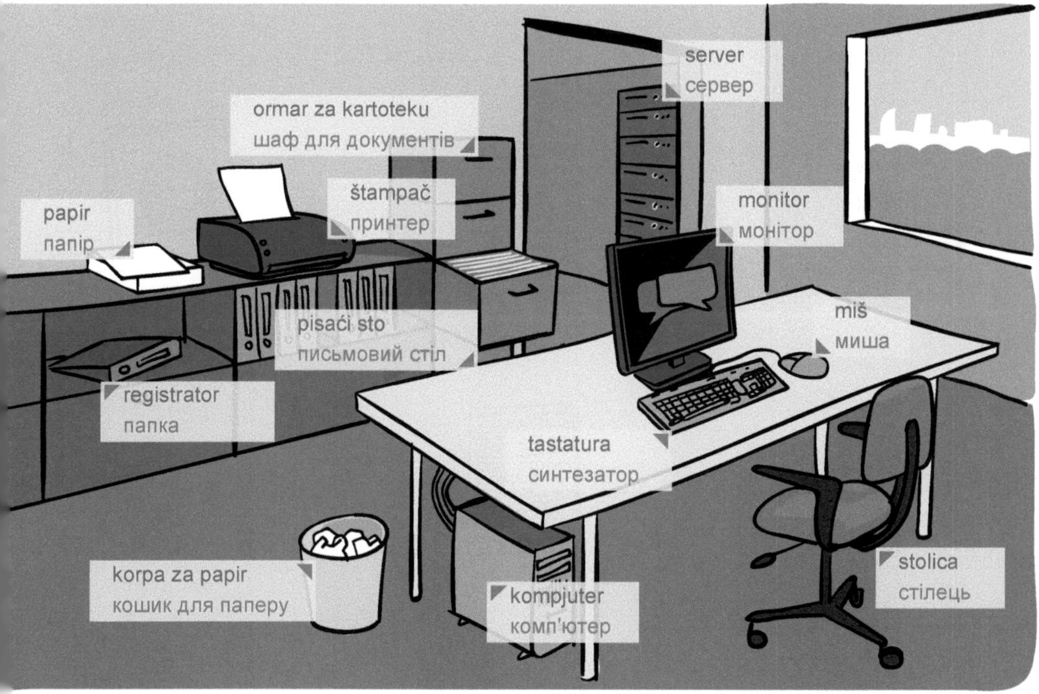

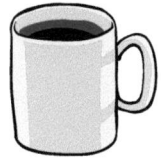

šolja za kafu

кавовий кухоль

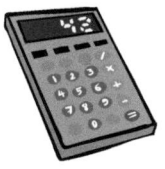

kalkulator

калькулятор

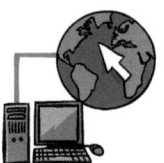

internet

інтернет

laptop

ноутбук

pismo

лист

poruka

повідомлення

mobilni telefon

мобільний телефон

mreža

мережа

aparat za kopiranje

копіювальний пристрій

softver

програмне забезпечення

telefon

телефон

utičnica

розетка

faks

факс

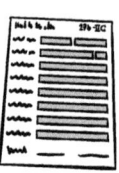

formular

бланк

dokument

документ

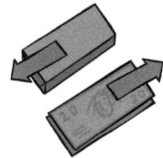

kupovati

купувати

platiti

платити

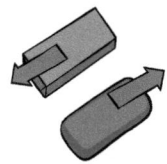

trgovati

торгувати

novac

гроші

dolar

долар

euro

євро

jen

ієна

rublja

рубль

franak

франк

renminbi jen

юанів женьміньбі

rupi

рупія

bankomat

банкомат

mjenjačnica

обмінний пункт

zlato

золото

srebro

срібло

nafta

нафта

energija

енергія

cijena

ціна

ugovor

контракт

porez

податок

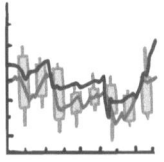

akcija

акція

raditi

працювати

službenik

працівник

poslodavac

роботодавець

fabrika

фабрика

radnja

магазин

policajac
поліцейський

vatrogasac
пожежник

kuhar
повар

ljekar
лікар

pilot
пілот

baštovan

садівник

stolar

столяр

krojačica

швачка

sudija

суддя

hemičar

хімік

glumac

актор

vozač autobusa

водій автобуса

vozač taksija

таксист

ribar

рибалка

čistačica

прибиральниця

krovopokrivač

покрівельник

konobar

офіціант

lovac

мисливець

moler

художник

pekar

пекар

električar

електрик

građevinski radnik

будівельник

inženjer

інженер

koljač

забійник

limar, vodoinstalater

бляхар

poštar

листоноша

vojnik

солдат

arhitekta

архітектор

blagajnik

касир

cvjećar

флорист

frizer

перукар

kontrolor

кондуктор

mehaničar

механік

kapiten

капітан

zubar

дантист

naučnik

вчений

rabin

рабин

imam

імам

monah

монах

sveštenik

пастор

alat
інструменти

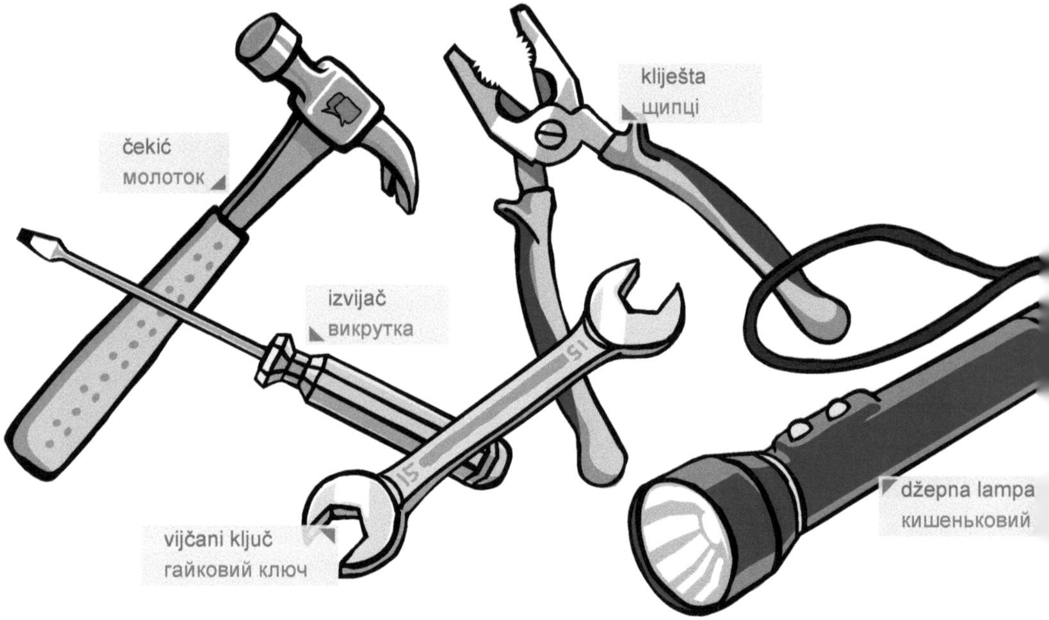
čekić
молоток
kliješta
щипці
izvijač
викрутка
vijčani ključ
гайковий ключ
džepna lampa
кишеньковий

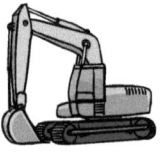

bager

екскаватор

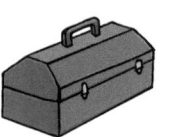

kutija sa alatom

ящик для інструментів

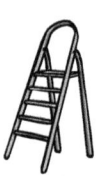

ljestve

драбина

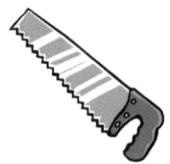

testera, pila

пилка

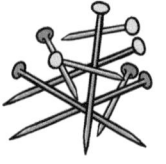

ekser

цвяхи

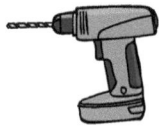

bušilica

свердло

popraviti

ремонтувати

lopata

лопата

sranje!

лайно!

lopatica

совок

kanta boje

відро з фарбою

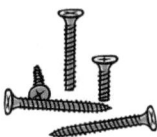

vijak

гвинти

muzički instrumenti
музичні інструменти

zvučnik
динамік

bubnjevi
ударна установка

kontrabas
контрабас

truba
труба

gitara
гітара

klavir

фортепіано

violina

скрипка

bas

бас

bubanj timpani

литаври

bubanj

барабан

sintisajzer

клавіатура

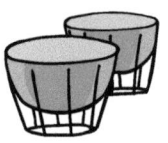

saksofon

саксофон

flauta

флейта

mikrofon

мікрофон

zološki vrt

зоопарк

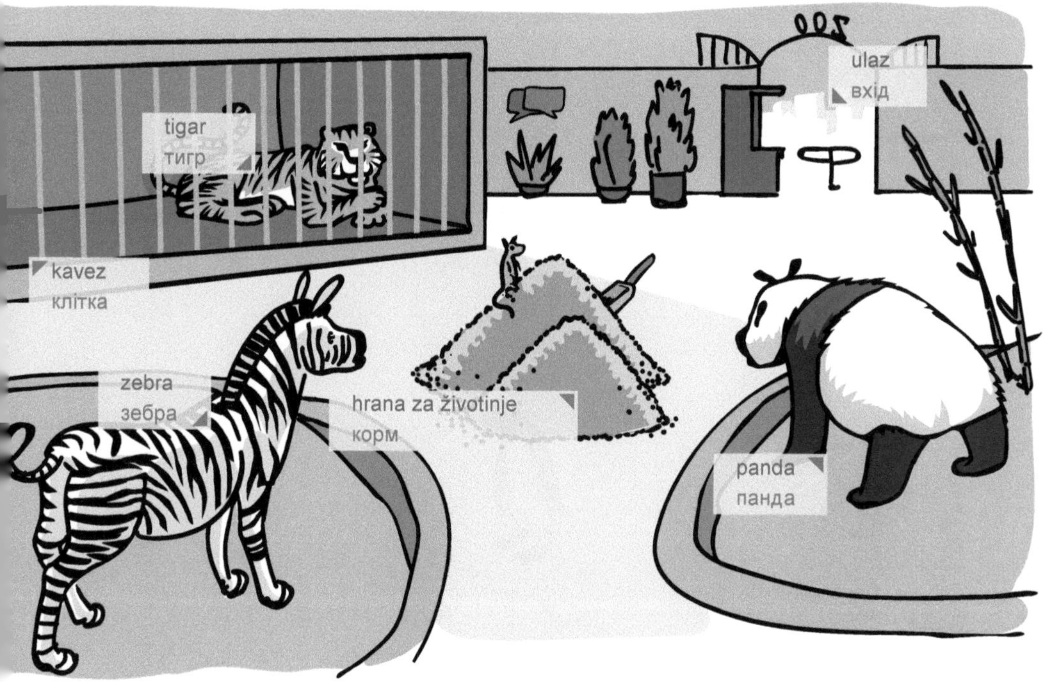
ulaz
вхід
tigar
тигр
kavez
клітка
zebra
зебра
hrana za životinje
корм
panda
панда

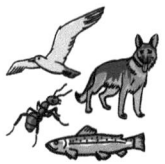

životinje

тварини

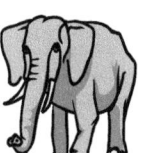

slon

слон

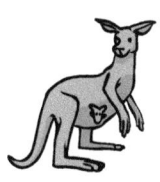

kengur

кенгуру

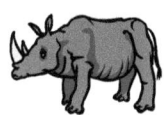

nosorog

носоріг

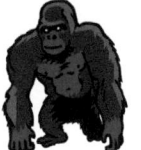

gorila

горила

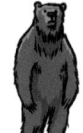

medvjed

ведмідь

kamila

верблюд

noj

страус

lav

лев

majmun

мавпа

flamingo

фламінго

papagaj

папуга

polarni medvjed

білий ведмідь

pingvin

пінгвін

morski pas

акула

paun

павич

zmija

змія

krokodil

крокодил

čuvar u zološkom vrtu

працівник зоопарку

tuljan

тюлень

jaguar

ягуар

poni
поні

leopard
леопард

nilski konj
гіпопотам

žirafa
жираф

orao
орел

divlja svinja
кабан

riba
риба

kornjača
черепаха

morž
морж

lisica
лисиця

gazela
газель

американський футбол

američki fudbal
американський футбол

vožnja bicikla
їзда на велосипеді

tenis
теніс

košarka
баскетбол

plivanje
плавання

boks
бокс

hokej na ledu
хокей

fudbal
футбол

bedminton
бадмінтон

laka atletika
легка атлетика

rukomet
гандбол

skijanje
лижні перегони

polo
поло

skakati
стрибати

zagrliti
обіймати

smijati se
сміятися

ići
йти

pjevati
співати

sanjati
мріяти

moliti
молитися

ljubiti
цілувати

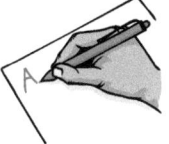

pisati
писати

crtati
малювати

pokazati
показувати

gurati
тиснути

dati
давати

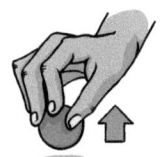

uzeti
брати

imati

мати

raditi

робити

biti

бути

stajati

стояти

trčati

бігати

vući

тягнути

baciti

кидати

pasti

падати

ležati

лежати

čekati

очікувати

nositi

носити

sjediti

сидіти

obući

одягати

spavati

спати

probuditi

просипатися

aktivnosti - дії

pogledati

дивитися

plakati

плакати

milovati

гладити

češljati

розчісувати

govoriti

розмовляти

razumjeti

розуміти

pitati

питати

slušati

слухати

piti

пити

jesti

їсти

pospremiti

прибирати

voljeti

любити

kuhati

варити

voziti

їхати

letjeti

літати

jedriti

йти під вітрилом

računati

рахувати

čitati

читати

učiti

вчитися

raditi

працювати

vjenčavti

одружуватися

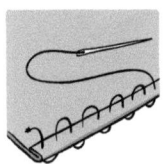

šiti

шити

prati zube

чистити зуби

ubiti

убивати

pušiti

курити

slati

посилати

baka
бабуся

djed
дідуся

otac
батько

majka
мати

beba
немовля

kćerka
донька

sin
син

gost

гість

ujna, tetka, strina

тітка

ujak, tetak, stric

дядько

brat

брат

sestra

сестра

tijelo
тіло

čelo
чоло
oko
око
leđa
плече
prst
палець
lice
обличчя
brada
підборіддя
ruka, šaka
кисть
noga
нога
grudi
груди
ruka
рука

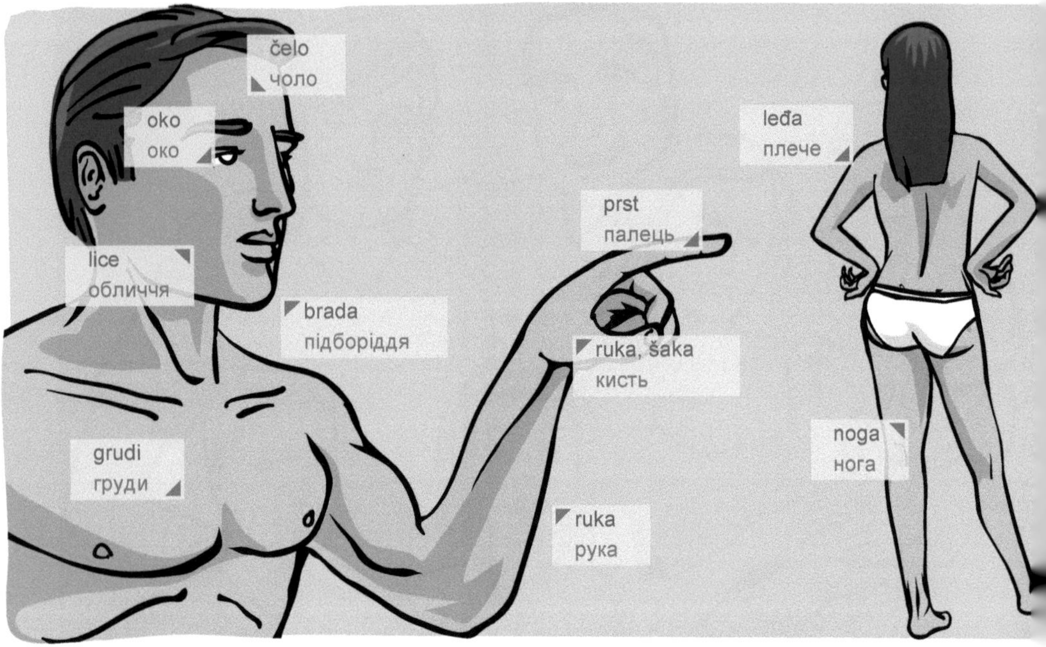

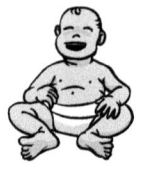

beba

немовля

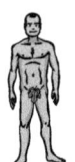

muškarac

чоловік

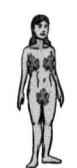

žena

жінка

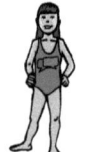

djevojčica

дівчина

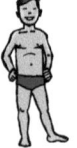

dječak

хлопчик

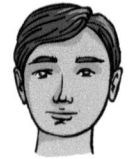

glava

голова

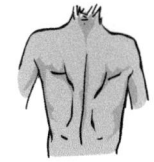

leđa

спина

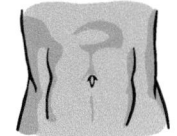

stomak

живіт

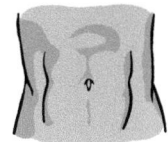

pupak

пуп

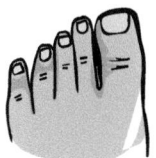

nožni prst

палець ноги

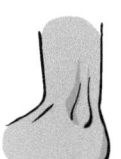

peta

п'ята

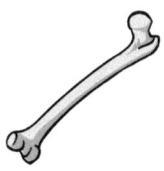

kosti

кістка

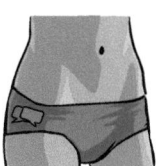

kuk

стегно

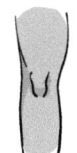

koljeno

коліно

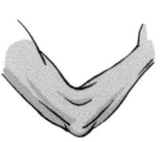

lakat

лікоть

nos

ніс

stražnjica

сідниці

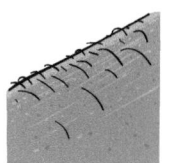

koža

шкіра

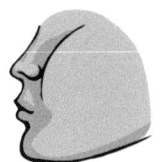

obraz

щока

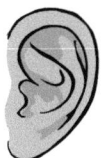

uho

вухо

usna

губа

usta

рот

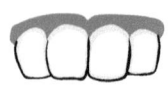

zub

зуб

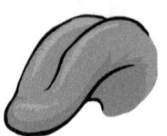

jezik

язик

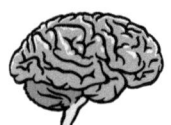

mozak

мозок

srce

серце

mišić

м'яз

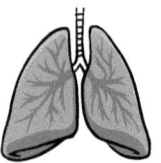

pluća

легені

jetra

печінка

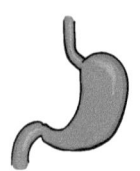

želudac

шлунок

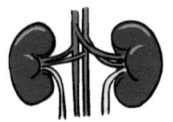

bubreg

нирки

spolni odnos

статевий акт

kondom

презерватив

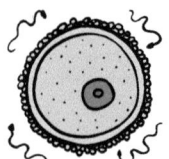

jajna ćelija

яйцеклітина

sperma

сперма

trudnoća

вагітність

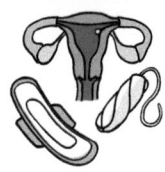

menstruacija

менструація

vagina

вагіна

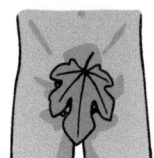

penis

пеніс

obrva

брова

kosa

волосся

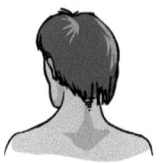

vrat

шия

bolnica
лікарня

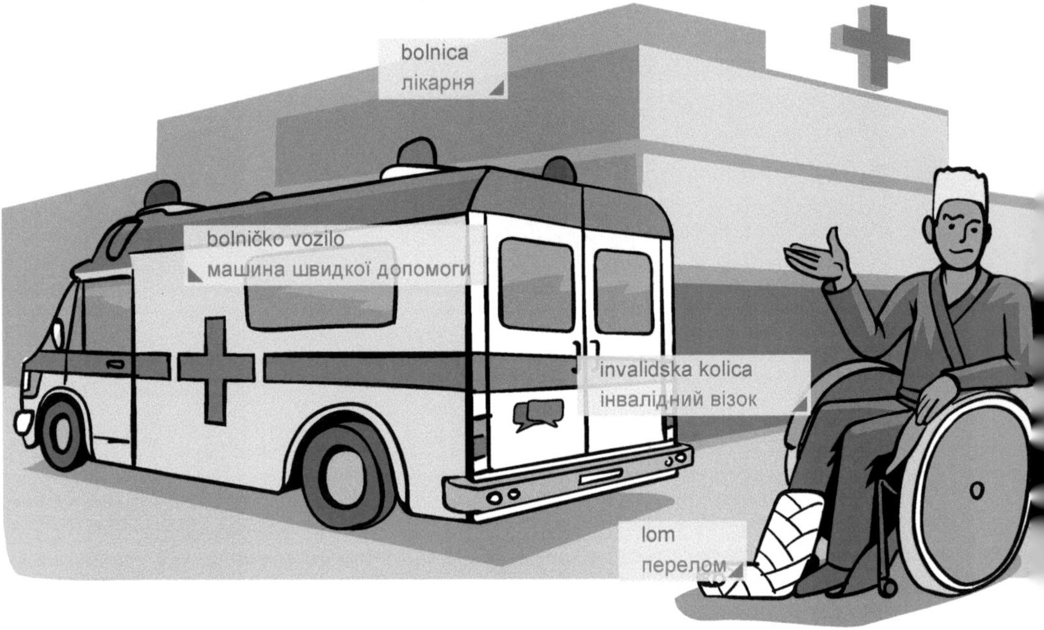

bolnica
лікарня
bolničko vozilo
машина швидкої допомоги
invalidska kolica
інвалідний візок
lom
перелом

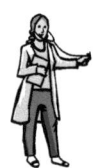

ljekar

лікар

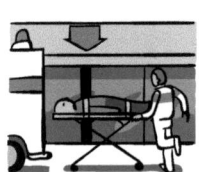

hitna služba

відділення швидкої медичної допомоги

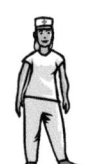

medicinska sestra

медсестра

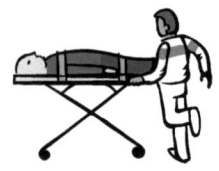

hitna pomoć

аварійний випадок

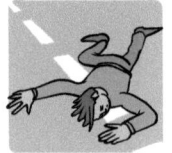

nesvjest

непритомний

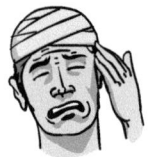

bol

біль

povreda

травма

krvarenje

кровотеча

srčani udar, infarkt

інфаркт

moždani udar

інсульт

alergija

алергія

kašalj

кашель

groznica

лихоманка

gripa

грип

proljev

пронос

glavobolja

головна біль

rak

рак

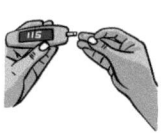

dijabetes

діабет

hirurg

хірург

skalpel

скальпель

operacija

операція

CT

КТ

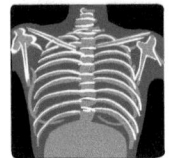

rendgen

рентген

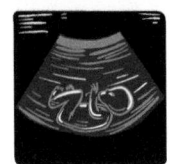

ultrazvuk

ультразвук

maska

маска

bolest

хвороба

čekaonica

зал очікування

štake

милиця

flaster

пластир

zavoj

пов'язка

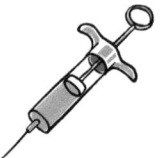

injekcija

ін'єкція

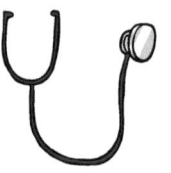

stetoskop

стетоскоп

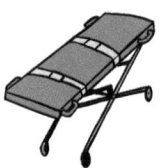

nosilo

ноші

termometar

термометр

porod

народження

prekomjerna težina, debljina

надмірна вага

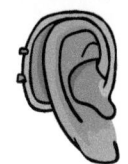

slušni aparat

слуховий апарат

sredstvo za dezinfekciju

дезінфікуючий засіб

infekcija

інфекція

virus

вірус

HIV/ AIDS

ВІЛ / СНІД

medicina

медицина

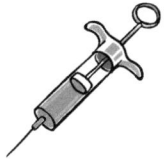

vakcinacija

вакцинація

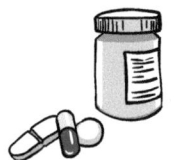

tablete

таблетки

pilula

протизаплідна пігулка

hitni poziv

екстрений виклик

aparat za mjerenje pritiska

тонометр

bolestan / zdrav

хворий / здоровий

alarm

сигнал тривоги

napad, prepad

напад

Upomoć!

Допоможіть!

napad

атака

opasnost

небезпека

izlaz u slučaju opasnosti

аварійний вихід

Požar!

Вогонь!

vatrogasni aparat

вогнегасник

nezgoda

аварія

torba prve pomoći

аптечка

SOS

СОС

policija

поліція

Europa

Європа

Sjeverna Amerika

Північна Америка

Južna Amerika

Південна Америка

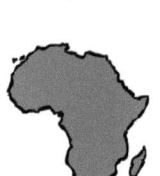

Afrika

Африка

Azija

Азія

Australija

Австралія

Atlantik

Атлантика

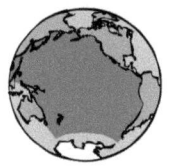

Pacifik

Тихий океан

Indijski okean

Індійський океан

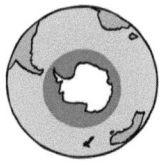

Antarktički okean

Антарктичний океан

Arktički okean

Північний Льодовитий
океан

Sjeverni pol

Північний полюс

Južni pol

Південний полюс

Antarktik

Антарктика

Zemlja

Земля

zemlja

суша

more

море

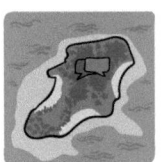

ostrvo

острів

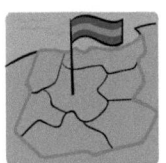

nacija

нація

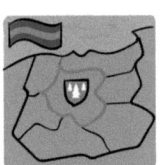

država

держава

brojčanik sata

циферблат

kazaljka sata

годинникова стрілка

kazaljka minute

хвилинна стрілка

kazaljka sekunde

секундна стрілка

Koliko je sati?

Котра година?

dan

день

vrijeme

час

sada

зараз

digitalni sat

цифровий годинник

minuta

хвилина

sat

година

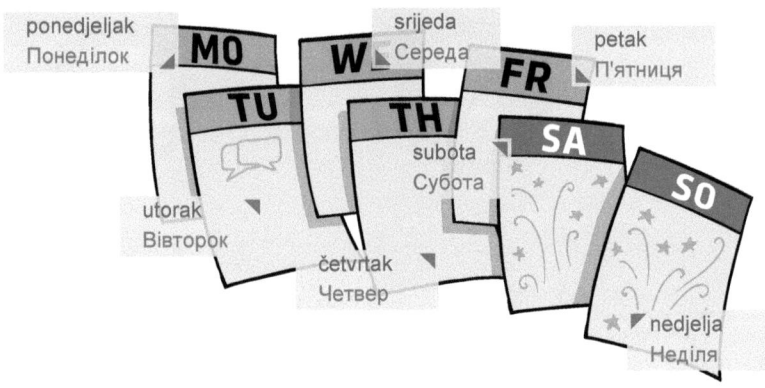

ponedjeljak
Понеділок

srijeda
Середа

petak
П'ятниця

utorak
Вівторок

subota
Субота

četvrtak
Четвер

nedjelja
Неділя

juče

вчора

danas

сьогодні

sutra

завтра

jutro

ранок

podne

опівдні

veče

вечір

radni dani

робочі дні

vikend

кінець робочого тижня

godina
рік

kiša
дощ
duga
веселка
vjetar
вітер
snijeg
сніг
proljeće
весна
jesen
осінь
ljeto
літо
zima
зима

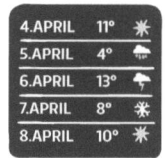

4.APRIL 11°
5.APRIL 4°
6.APRIL 13°
7.APRIL 8°
8.APRIL 10°

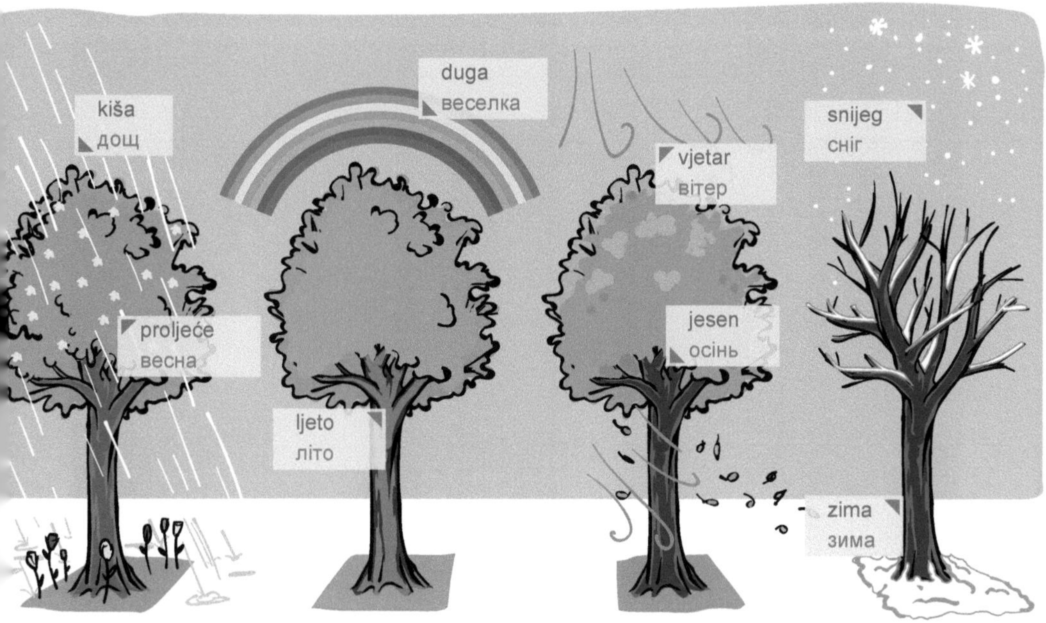

prognoza vremena

прогноз погоди

F C
120 40
90 30
60 20
30 10
0 0
-30 -10
-20

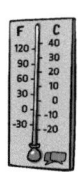

termometar

термометр

sunčev sjaj

сонячне світло

oblak

хмара

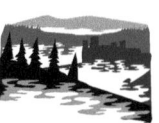

magla

туман

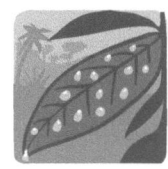

vlažnost vazduha

вологість повітря

munja

блискавка

grom

грім

oluja

шторм

tuča, led

град

monsun

мусон

poplava

повінь

led

лід

januar

Січень

februar

Лютий

mart

Березень

april

Квітень

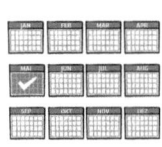

maj

Травень

juni

Червень

juli

Липень

avgust

Серпень

godina - рік

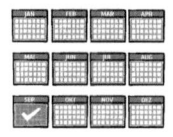

septembar

Вересень

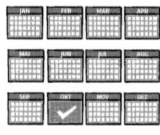

oktobar

Жовтень

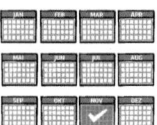

novembar

Листопад

decembar

Грудень

oblici
форми

krug

круг

kvadrat

квадрат

pravougao

прямокутник

trougao

трикутник

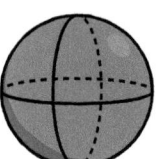

kugla

куля

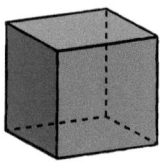

kocka

куб

boje
фарби

bjel

білий

žut

жовтий

narandžast

помаранчевий

pink

рожевий

crven

червоний

ljubičast

фіолетовий

plav

синій

zelen

зелений

smeđ

коричневий

siv

сірий

crn

чорний

malo / mnogo

багато / мало

ljutit / miran

лютий / мирний

lijep / ružan

гарний / бридкий

početak / kraj

початок / кінець

veliki / mali

великий / малий

svijetlo / tamno

світлий / темний

brat / sestra

брат / сестра

čist / prljav

чистий / брудний

potpun / nepotpun

завершений /
незавершений

dan / noć

день / ніч

mrtav / živ

мертвий / живий

široko / usko

широкий / вузький

ukusno / neukusno

їстівний / неїстівний

zao / prijatan

злий / дружній

uzbuđen / dosadan

збуджений / нудьгуючий

debeo / mršav

товстий / тонкий

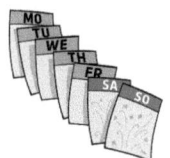

najprije / najkasnije

спочатку / востаннє

prijatelj / neprijatelj

друг / ворог

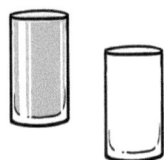

pun / prazan

повний / порожній

trvd / mekan

жорсткий / м'який

težak / lagan

важкий / легкий

glad / žeđ

голод / спрага

bolestan / zdrav

хворий / здоровий

ilegalan / legalan

незаконний / законний

inteligentan / glup

розумний / дурний

lijevo / desno

вліво / вправо

blizu / daleko

поруч / далеко

suprotnosti - протилежності

nov / polovan

новий / використаний

ništa / nešto

нічого / щось

star / mlad

старий / молодий

uključeno / isključeno

вкл / викл

otvoreno / zatvoreno

відкрито / закрито

tiho / glasno

тихо / гучно

bogat / siromašan

багатий / бідний

tačno / pogrešno

правильно / неправильно

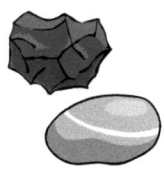

hrapav / glatak

шорсткий / гладкий

tužan / srećan

сумний / щасливий

kratak / dug

короткий / довгий

spor / brz

повільно / швидко

mokro / suho

вологий / сухий

toplo / hladno

гарячий / холодний

rat / mir

війна / мир

suprotnosti - протилежності

0	**1**	**2**
nula	jedan	dva
нуль	один	два

3	**4**	**5**
tri	četiri	pet
три	чотири	п'ять

6	**7**	**8**
šest	sedam	osam
шість	сім	вісім

9	**10**	**11**
devet	deset	jedanaest
дев'ять	десять	одинадцять

12

dvanaest

дванадцять

13

trinaest

тринадцять

14

četrnaest

чотирнадцять

15

petnaest

п'ятнадцять

16

šesnaest

шістнадцять

17

sedamnaest

сімнадцять

18

osamnaest

вісімнадцять

19

devetnaest

дев'ятнадцять

20

dvadeset

двадцять

100

sto

сто

1.000

hiljada

тисяча

1.000.000

milion

мільйон

engleski

англійська

američki engleski

американська англійська

kinesko mandarinski

китайська
високочиновницька

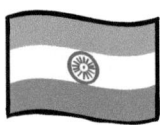

hindi

хінді

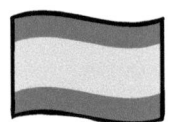

španski

іспанська

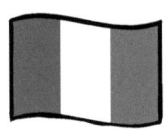

francuski

французька

arapski

арабська

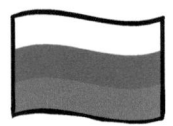

ruski

російська

portugalski

португальська

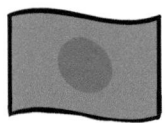

bengalski

бенгальська

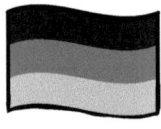

njemački

німецька

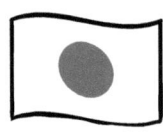

japanski

японська

ja

я

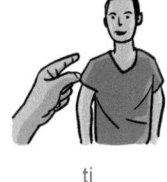

ti

ти

on / ona / ono

він / вона / воно

mi

ми

vi

ви

oni

вони

ko?

хто?

šta?

що?

kako?

як?

gdje?

де?

kada?

коли?

ime

ім'я

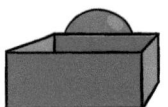

iza

ззаду

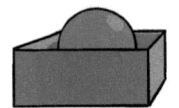

u

в

pred

перед

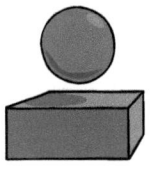

iznad

над

na

на

ispod

під

pored

біля

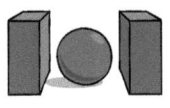

između

між

mjesto

місце